KB210222

민족사
사경 시리즈 1

사경 독송

한글

금강반야바라밀경

지혜 성취 기도 공덕

민족사

사경 공덕과 의미에 대하여

사경의 목적

사경(寫經)이란 경전을 직접 베껴 쓰는 것, 즉 필사(筆寫)하는 것을 말합니다. 사경의 유래는 부처님 말씀을 전하기 위하여 시작되었습니다. 과거 인쇄술이 없던 시대는 직접 사람이 베껴서 전하거나 읽는(독송) 방법밖에 없었습니다. 그 후 경전은 목판에 판각(板刻)하여 간행하게 되었으나, 여전히 공덕·복덕 개념에 힘입어 많은 사경이 이루어졌습니다.

사경의 첫 번째 목적은 부처님 말씀을 널리 유포하고자 하는 것이고, 두 번째 목적은 경전을 사경함으로써 얻게 되는 공덕·복덕·기원입니다. 세 번째는 사경을 하고 나면 기쁜 성취감과 행복감을 갖게 됩니다.

가족이 액난 없이 행복해지기를 바라는 마음에서 사경을 하기도 하고, 돌아가신 부모나 조상의 천도를 위해 사경을 하기도 합니다. 정성을 다해 경전을 사경하는 것은 선업(善業)을 쌓는 최상의 길이라고 할 수 있습니다.

사경의 공덕

사경 공덕에 대하여 《대방광불화엄경(大方廣佛華嚴經)》 〈금강

당보살품〉에서는 "만일 어떤 사람이 경전을 베껴 쓴다면(寫經), 이것은 곧 부처님 법을 지키기 위한 것이기 때문에, 헤아릴 수 없는 공덕을 받는다."라고 하였습니다.

또 《묘법연화경(법화경)》 〈법사공덕품〉에서는 "만약 어떤 사람이 이 법화경을 수지(受持)·독송하고, 설하거나 사경(寫經)하면 이 사람은 마땅히 안(眼)·이(耳)·비(鼻)·설(舌)·신(身)·의(意) 육근이 모두 다 청정하고 건강해질 것이다."라고 하였습니다. 그 밖에도 《증일아함경》 1권 〈서품(序品)〉에서는 "만약 어떤 사람이 경전을 사경한다면, 그는 헤아릴 수 없는 무량한 공덕과 복을 받는다."고 하였습니다.

이상과 같이 여러 경전을 보면, 경전을 사경하는 공덕과 복덕이 헤아릴 수 없으며, 항상 부처님께서 보호해 주고, 모든 액난과 어려움을 면하게 해 준다고 설하고 있습니다.

사경은 마음을 정화하는 으뜸 방법

사경은 경전의 내용을 한 글자 한 글자 베껴 쓰는 것인데, 이것은 경전을 독송하는 공덕이 되고, 동시에 경전의 내용을 알게 되는 것이기도 합니다. 또한 사경 삼매(집중)를 통해 마음이 정화되며, 사경한 경전을 다른 사람에게 보시하면 그것은 곧 법보시를 하는 것이 되므로 더욱 공덕이 크다고 할 수 있습니다.

무착보살은 사경을 하면 다섯 가지 공덕이 있다고 말씀하였습니다. 첫 번째는 여래, 부처님을 친견할 수 있고, 두 번째는 복덕을 얻을 수 있고, 세 번째는 경전을 사경·찬탄하는 것 역시 수행이며, 네 번째는 많은 천인(天人)들로부터 공양을 받게 되며, 다섯 번째는 모든 죄가 소멸된다고 하였습니다.

그 밖에도 사경을 하면 몸과 마음, 정신이 맑아지고, 생각하는 것, 판단력도 정확해집니다. 특히 어려움이 닥치면 대부분 정신이 혼미하여 판단력을 상실하게 되는 경우가 많은데, 이때 사경을 하면 마음이 안정되고, 상황판단을 제대로 함으로써 어려움을 극복하게 됩니다.

특히 사업에 실패하신 분들은 반드시 사경을 하십시오. 그러면 새롭게 일어나 성공할 수 있습니다. 승진을 원하는 분도 마찬가지입니다. 살다 보면 그 누구든 어려움이 있기 마련입니다. 이때 사경을 하면 부처님의 가피로 마음이 안정되고, 명석한 판단력을 갖추게 되어 어려움을 극복하고 성공으로 나아갈 수 있습니다.

위와 같이 경전을 베껴 쓰는 사경은 많은 공덕·복덕이 있습니다. 이 좋은 사경 인연을 소중히 여기고 경건하고 공손한 태도로 환희심·감사심·자비심으로 사경을 하면 참으로 행복한 삶이 열릴 것입니다.

사경 자세와 마음가짐

1. 먼저 손을 깨끗이 씻고 단정히 앉아서 향을 피우고, 약 1~2분 동안 명상, 즉 마음을 가다듬은 다음 사경을 해야 합니다. 마음에 잡념이 있는 상태에서 사경을 하면 삐뚤삐뚤 글씨가 흐트러지게 됩니다.

2. 책상에서 바른 자세로 사경하는 것이 좋습니다. 바닥에 엎드려서 하면 쓰기는 편리한데 디스크, 고관절 등 허리병을 유발할 수 있습니다. 허리에 무리가 가지 않도록 사경해야 합니다.

3. 책상 위를 깨끗하게 정리 정돈한 다음 사경을 해야 합니다. 주변이 어지러우면 마음도 차분히 가라앉지 않게 되고 너저분한 환경에서는 사경이 잘 안 됩니다.

4. 가능한 한 붓이나 붓펜으로 사경을 하는 게 좋습니다. 대체로 붓이나 붓펜이 사경의 서체와 맞고, 일반 펜보다 더욱 정성을 기울여서 해야 하기 때문입니다·정서(正書, 바르게), 정서(淨書, 깨끗하게)로 사경을 마치고 나면 더욱 기쁨을 느끼게 되고, 사경한 경을 보관하고 싶은 마음도 들고, 보시하기도 좋습니다.

5. 사경 전 명상을 할 때는 마음속으로 “나무 석가모니불”, “나무 아미타불”, “나무 관세음보살” 등을 열 번 외우십시오.

6. 독송하면서 사경을 하면 독송 공덕과 사경 공덕을 함께 받게 됩니다. 또한 부처님 말씀의 참뜻을 되새기면서 알아차릴 수 있어서 더욱 좋은 방법입니다. 즉 사경이 경전을 공부하는 방법이 되기도 합니다.

7. 어느 경전이든 한 번에 사경을 완료할 수는 없습니다. 여러 번 해야 완성하게 되는데, 그럴 때는 사경하고 있는 경전을 깨끗한 곳, 높은 곳에 보관해 두어야 합니다. 완성한 뒤에도 부처님 말씀이 담겨 있으므로 마찬가지입니다. 낮은 곳에 두면 오염되기 쉽기 때문입니다.

8. 사경을 시작할 때, 그리고 사경을 한 다음에 합장하고 이 사경집의 끝에 있는 발원문을 쓰고 외우시면 좋습니다.

개경게 開經偈

무상심심미묘법 無上甚深微妙法
백천만겁난조우 百千萬劫難遭遇
아금문견득수지 我今聞見得受持
원해여래진실의 願解如來眞實義

최고로 깊고 미묘한 법(진리)을
백천만겁 지난들 어찌 만날 수 있으리.
제가 이제 듣고 보고 받아 지니니
부처님의 진실한 뜻 알아지이다.

개법장진언 開法藏眞言

옴 아라남 아라다
옴 아라남 아라다
옴 아라남 아라다

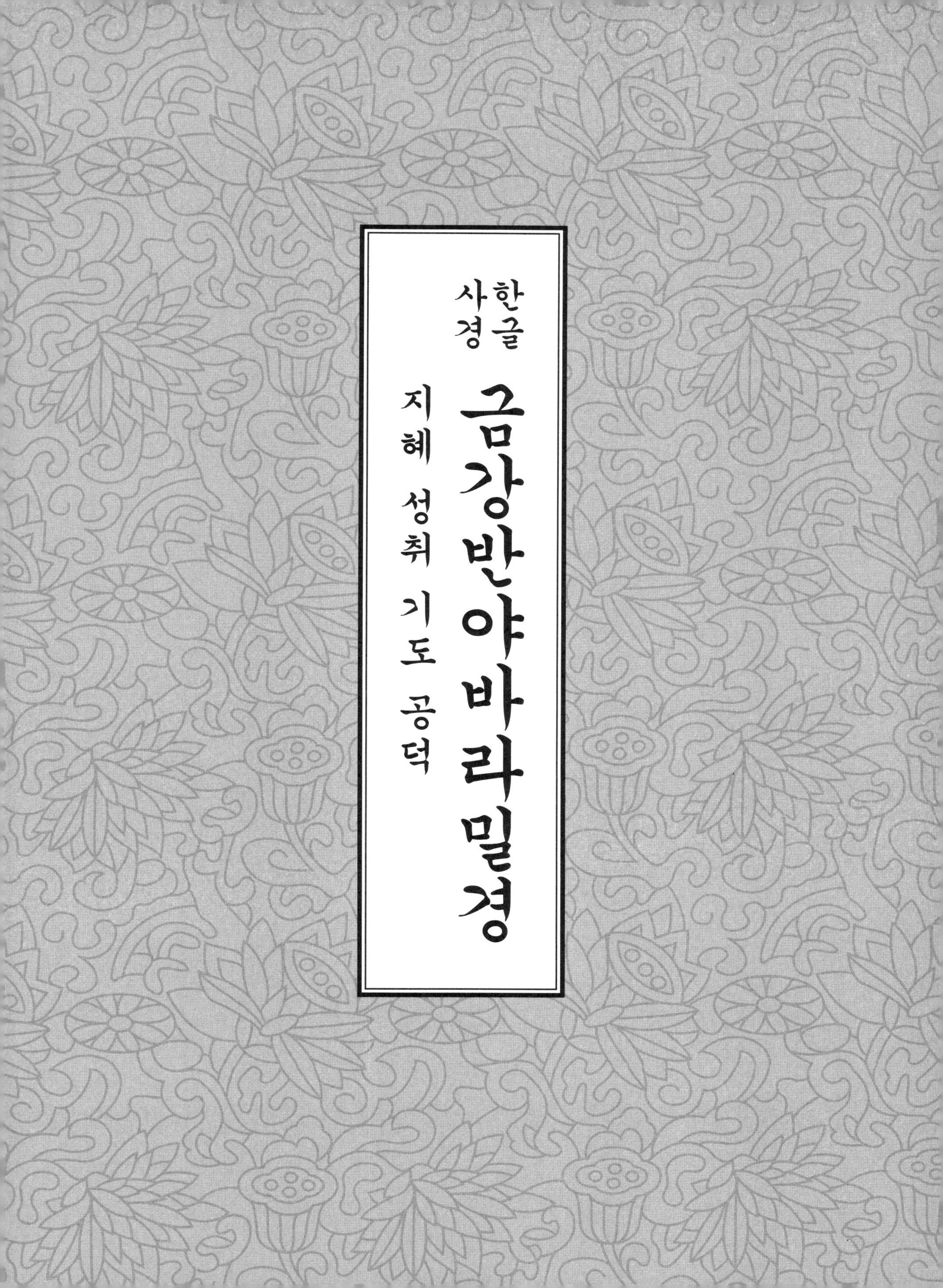
한글 사경
금강반야바라밀경
지혜 성취 기도 공덕

제1. 법회인유분(法會因由分)

—금강경을 설하게 된 까닭—

이와 같이 나는 들었다.

어느 때 부처님께서 사위국 기수급고독원에서 큰 비구 천이백 오십 명과 함께 계셨다. 그때 세존께서는 공양하실 때가 되어 가사를 입고 발우를 들고 걸식하기 위하여 사위성으로 들어가셨다. 차례차례로 돌며 공양을 얻으신 뒤, 다시 본래 계셨던 곳으로 돌아오셔서 공양을 하셨다. 공양을 마치시고는 가사와 발우를 거두시고 발을 씻으신 다음 자리를 펴고 앉으셨다.

제2. 선현기청분(善現起請分)

-수보리(선현)가 법문을 청하다-

그때 대중 가운데 수보리 장로가 자리에서 일어나 오른쪽 어깨를 드러내고 오른쪽 무릎을 땅에 대고 합장하면서 공손히 부처님께 여쭈었다.

"세존이시여! 정말 경탄스럽습니다. 여래께서는 보살들(수행자)의 마음을 매우 잘 알고 계시며 또 잘 지도

해 주십니다. 세존이시여! 가장 높고 바른 깨달음을 얻고자 하는 선남자 선여인은 그 마음을 어디에 두어야 하며, 어떻게 그 마음을 다스려야 합니까?"

부처님께서 말씀하셨다.

"훌륭하고 훌륭하구나. 수보리여! 그대의 말과 같이 여래는 보살(수행자)들의 마음을 잘 알고 있으며 잘 지도해 주느니라. 그대는 자세히 들어라. 내 그대에게 말해 주리라. 가장 뛰어난 바른 깨달음을 얻고자 하는 선남자 선여인은 이와 같이 그 마음을 가져야 하며 이와 같이 그 마음을 다스려야 하느니라."

"네, 세존이시여! 그 말씀을 듣고자 하오니 말씀해 주시기 바랍니다."

제3. 대승정종분(大乘正宗分)

-대승의 핵심은 무집착·공이다-

부처님께서 수보리에게 말씀하셨다.

"모든 보살 마하살은 이와 같이 그 마음을 다스려야 한다. 이 세상에 존재하는 일체 중생의 종류는 말이나 소처럼 모태(胎)에서 태어나는 것이 있고, 새처럼 알(卵)에서 태어나는 것이 있고, 벌레처럼 습기(濕)에 의하여 태어나는 것이 있고, 나비처럼 변화에 의해 태어나는 것(化生)이 있느니라.

또 형상을 갖고 있는 존재, 형상이 없는 존재, 의식을 갖고 있는 존재, 의식을 갖고 있지 않은 존재, 의식을 갖고 있는 것 같기도 하고, 없는 것 같기도 한 존재 등 많은 중생들이 있느니라. 이 갖가지 중생들을 나는 모두 다 번뇌와 괴로움이 없는 완전한 열반(깨달음)의 세계로 들어가게(인도) 하리라.

그러나 이와 같이 헤아릴 수 없는

많은 중생들을 열반(깨달음)의 세계에 들어가게 하였다고 해도 실제로 완전한 열반의 세계로 인도한 중생은 없느니라.

왜냐하면 수보리여! 보살이 아상(我相: 자아가 있다는 생각)이 있다거나, 인상(人相: 개아가 있다는 생각)이 있다거나, 중생상(衆生相: 중생이 있다는 생각)이 있다거나, 수자상(壽者相: 영원한 것이 있다는 생각)을 갖고 있다면 그는 곧 진정한 보살(수행자)이라고 할 수 없느니라."

제4. 묘행무주분(妙行無住分)

—진정한 보시는 의식함이 없는 보시—

"또한 수보리여! 불도를 닦는 보살은 법(존재, 대상)에 집착해서 보시를 해서는 안 되느니라. 다시 말하면 사물의 모양이나 모습에 끌려 보시를 해서는 안 되며, 아름다운 소리나 냄새, 맛, 부드러운 촉감 등 대상에 끌려서 보시해서도 안 되느니라.

수보리여! 보살은 마땅히 이와 같이 대상에 집착하지 말고 보시를 해야 하느니라. 왜냐하면 보살이 대상에 집착하지 않고 보시를 한다면 그 복덕은 헤아릴 수 없이 많기 때문이니라.

수보리여! 그대는 어떻게 생각하는가? 동쪽에 있는 허공을 다 헤아릴 수가 있다고 생각하는가?"

"그것은 불가능합니다. 세존이시여!"

"수보리여! 남서북방, 그리고 그 사이(間方)와 위, 아래에 있는 허공을 모두 다 헤아릴 수가 있겠는가?"
"그것은 불가능합니다. 세존이시여!"
"수보리여! 그와 같이 보살이 어떤 대상에 집착함이 없이 보시하는 공덕은 헤아릴 수가 없느니라.
수보리여! 보살(수행자)은 마땅히 가르쳐준 대로 마음가짐을 가져야 하느니라."

제5. 여리실견분(如理實見分)

-여래의 참모습은 모양에 있지 않다-

"수보리여! 그대는 어떻게 생각하는가? 거룩한 신체 모습(身相)에서 여래의 진정한 모습을 볼 수 있겠는가?"

"볼 수 없습니다, 세존이시여! 거룩한 신체 모습(身相)에서는 여래의 참모습을 볼 수가 없습니다. 왜냐하면 여래께서 말씀하신 거룩한 신상(身相)이란 곧 거룩한 신상이 아니기 때문입니다."

부처님께서 수보리에게 말씀하셨다.

"무릇 모든 형상적인 것은 모두 다 헛된 것이니 만약 모든 모습이 진정한 모습이 아님을 직시한다면 곧 여래를 만나보게 될 것이니라."

제6. 정신희유분(正信希有分)

-바른 믿음을 가져라-

수보리가 부처님께 여쭈었다.

"세존이시여! 이와 같은 말씀을 듣고 진실로 믿음을 내는 중생들이 얼마나 되겠습니까?"

부처님께서 수보리에게 말씀하셨다.

"그런 말 하지 말라. 여래가 입멸(열반)한 후 오백 년 뒤에도 계를 지키

고 복덕을 닦는 사람은 능히 나의
이 말을 듣고 믿는 마음을 낼 것이
며, 나의 이 말을 진실로 믿게 될
것이니라. 마땅히 알지어다. 이 사
람은 한두 부처님이나 셋, 넷, 다섯
부처님에게서 선근을 심었을 뿐만
아니라, 이미 한량없는 천만 억 부
처님에게서 갖가지 선근을 심었기
때문에, 내 말을 듣고 일념으로 깨
끗한 믿음을 내게 될 것이니라.

수보리여! 여래는 지혜의 눈으로
모든 중생들이 무량한 복덕을 얻
게 된다는 것을 모두 다 알고 모두

다 보느니라.

왜냐하면 이 같은 중생들은 다시는 자아[我相]를 추구하는 생각도 없으며, 개아[人相: 個我]를 추구하는 생각도 없으며, 중생이라고 하는 생각[衆生相]도 없으며, 영원함을 추구하는 생각[壽者相]도 없고, 이것이 정해진 법(진리)이라는 생각도 없으며, 정해진 법(진리)이 아니라는 생각도 없기 때문이니라.

왜냐하면 이 모든 중생들이 만일 마음으로 그런 생각을 갖는다면, 곧 자아에 대한 집착, 개아에 대한 집착, 중생에 대한 집착, 영원함에 대하여 집착하는 것이니, 어째서인가? 법이라는 생각을 가져도 곧 아상·인상·중생상·수자상에 집착하는 것이며, 법이 아니라는 생각을 가져도 곧 아상(我相: 自我)·인상(人相: 個我)·중생상(衆生相)·수자상(壽者相)에 집착하는 것이니라. 이런 까닭에 법(진리)이라는 생각에 집착해서도 안 되고, 법이 아니라는 생각에 집착해서도 안 되는 것이니라.

이런 뜻에서 여래는 항상 너희 비

구들에게 설하나니, '나의 설법은 뗏목과 같은 것이다. 법(진리)도 오히려 버려야 하거늘 하물며 법 아닌 것을 말해 무엇하겠는가?'라고 하셨느니라."

제7. 무득무설분(無得無說分)

-얻을 것도 설할 것도 없다-

부처님께서 말씀하셨다.

"수보리여! 그대는 어떻게 생각하는가? 여래가 가장 높고 가장 바른 깨달음을 얻은 것이 있다고 생각하는가? 그리고 여래가 설한 법(진리)이 있다고 생각하는가?"

수보리가 대답하였다.

"제가 부처님께서 하신 말씀을 이

해한 바로는 가장 높고 바른 깨달음이라고 할 만한 정해진 법(진리)은 없으며, 여래께서 말씀하실 만한 정해진 법(진리)도 없습니다. 왜냐하면 여래께서 말씀하신 법은 얻을 수도 없으며, 말할 수도 없으며, 법도 아니고, 법 아닌 것도 아닙니다. 그 까닭은 일체 모든 성현(聖賢)들께서는 모두 다 무위법(無爲法)을 설하셨고, 다만 중생의 근기에 따라 차이를 두고 설하셨을 뿐입니다."

제8. 의법출생분(依法出生分)

-참다운 공덕은 경전을 독송하는 것-

"수보리여! 그대는 어떻게 생각하는가? 만일 어떤 사람이 삼천대천세계에 일곱 가지 보물[七寶]로 가득 채워서 여래께 보시한다면 이 사람의 복덕은 참으로 많지 않겠는가?"

수보리가 대답하였다. "그렇습니다. 세존이시여! 왜냐하면 이 사람은 그렇게 많은 칠보를 보시하여 복덕을 지었지만, 복덕을 지었다고 하는 생각이 없기 때문에 여래께서는 복덕이 많다고 하신 것입니다."

부처님께서 말씀하셨다.

"만일 또 어떤 사람이 이 경전 가운데 사구게(四句偈: 범소유상 개시허망 약견제상비상 즉견여래)를 수지(受持)하여 다른 사람에게 설해 준다면 그 복덕은 칠보를 보시한 저 복덕보다 더 많은 것이니라. 왜냐하면 수보리여! 일체 모든 부처님들, 그리고 모든 부처님께서 깨달은 가장 높고 바른 법은 다 이 경전에서 나왔느니라.
수보리여! 말한 바 부처님께서 깨달은 가장 높고 바른 법이란 곧 부처님께서 깨달은 법이 아니니라.
(그것은 이름일 뿐이니라.)”

제9. 일상무상분(一相無相分)

-고정관념을 갖지 말라-

"수보리여! 그대는 어떻게 생각하는가? 수다원과(수행의 첫 번째 단계)를 성취한 사람에게 '나는 수다원과를 성취했다(얻었다)'고 하는 생각이 있겠는가?"

수보리가 대답하였다.

"아닙니다, 세존이시여! 왜냐하면 수다원은 수행의 첫 단계에 입문

한 사람을 말하는데, 실제로는 들어간 것(얻은 것)이 없고, 또 색깔이나 모양, 소리나 냄새, 맛이나 촉감, 의식의 대상 속에도 들어간 것이 없기 때문입니다. 다만 그 이름을 수다원이라고 할 뿐입니다."

"수보리여! 그대는 어떻게 생각하는가? 사다함(수행의 두 번째 단계)의 경지를 성취한 사람에게 '나는 사다함과를 성취했다'고 하는 생각이 있겠는가?"

수보리가 대답하였다.

"아닙니다, 세존이시여! 왜냐하면

사다함은 한 번만 더 중생(인간) 세계로 돌아와 수행하면 깨달음을 성취하는 자라고 불리지만, 실제로는 돌아오고 돌아감이 없고, 다만 이름을 사다함이라고 할 뿐입니다."

"수보리여! 그대는 어떻게 생각하는가? 아나함과(수행의 세 번째 단계)를 성취한 사람에게 '나는 아나함과를 성취했다'라고 하는 생각이 있겠는가?"

수보리가 대답하였다.

"아닙니다. 세존이시여! 왜냐하면

아나함은 수행을 이루어 '다시는 중생세계로 돌아오지 않는 자'라고 불리지만, 실제로는 '돌아오지 않는 것'이 없고, 다만 이름을 아나함이라고 할 뿐입니다."

"수보리여! 그대는 어떻게 생각하는가? 아라한과(수행의 네 번째 단계, 완성)를 성취한 사람이 '나는 아라한의 경지를 얻었다(깨달았다)'라고 말하겠는가?"

수보리가 대답하였다.

"아닙니다, 세존이시여! 왜냐하면 실제로는 아라한과(阿羅漢果)라고 할 만한 법을 얻은 것(깨달음)이 없기 때문입니다. 세존이시여! 만약 아라한이 정말로 '나는 아라한과를 얻었다'고 말한다면, 그것은 결국 아상(自我)·인상(人相: 個我)·중생상(중생이라는 생각)·수자상(壽者相: 영원함)에 집착하는 것입니다.

세존이시여! 부처님께서는 '수보리는 다툼이 없는 삼매를 얻은 사람 가운데 가장 으뜸이고, 또 가장 으뜸으로 욕망을 떠난 아라한'이라고 말씀하셨습니다. 그러나 저는 '욕망을 떠난 아라한 가운데 가장 으뜸이다'라고 생각해 본 적이 없습니다.
세존이시여! 제가 만약 '나는 아라한의 경지를 얻었다'라고 생각하거나 말한다면, 세존께서는 '저를 보고 번뇌를 단절한 아란나행을 좋아하는 사람이다. 또는 수보리는 바로 아란나행(번뇌를 단절한 사람)을 좋아하는 사람이다'라고 말씀하지 않으셨을 것입니다."

제10. 장엄정토분(莊嚴淨土分)

-진정한 불국토의 장엄-

부처님께서 수보리에게 말씀하셨다.
"그대는 어떻게 생각하는가? 과거세에 여래가 연등불 문하에서 보살로 수행할 적에 얻은 법(진리)이 있다고 생각하는가?"
"없습니다. 세존이시여! 여래께서 연등 부처님 문하에서 수행하셨지만, 진실로 얻은 법이란 없습니다."
"수보리여! 그대는 어떻게 생각하는가? 보살이 불국토를 거룩하게 장엄하는 것이 있다고 생각하는가?"
"아닙니다. 세존이시여! 왜냐하면 거룩하게 불국토를 장엄한다는 것은 곧 거룩하게 장엄하는 것이 아니기 때문입니다. 그런 까닭에 거룩하게 장엄한다고 말하는 것입니다."
부처님께서 말씀하셨다.
"그러므로 수보리여! 모든 보살마

하살은 마땅히 이와 같이 깨끗한 마음을 내어야 한다. 사물의 모양이나 모습에 집착해서 마음을 내어서는 안 되며, 소리나 냄새, 맛이나 촉감, 대상에 집착해서 마음을 내어서도 안 된다. 마땅히 집착함이 없이 그 마음을 내어야 한다.

수보리여! 비유한다면 어떤 사람의 신체가 산 가운데서도 가장 큰 수미산만큼이나 크다면 그대는 어떻게 생각하는가? 이 사람의 신체는 매우 큰 것이 아니겠는가?"

수보리가 대답하였다. "매우 큽니

다. 세존이시여! 왜냐하면 부처님께서 큰 신체라고 말씀하신 것은, 곧 큰 신체가 아니고, 단지 이름이 큰 신체[大身]일 뿐입니다."

제11. 무위복승분(無爲福勝分)

-최고의 공덕은 금강경 사구게 독송-

"수보리여! 항하(갠지스강)의 모래 수만큼이나 많은 항하가 있다면, 그대는 어떻게 생각하는가? 이 모든 항하의 모래 수는 진정으로 많다고 할 수 있겠는가?"

수보리가 대답하였다. "매우 많다고 생각합니다. 세존이시여! 항하(갠지스강)의 모래 수만큼이나 많은 항하들도 헤아릴 수 없이 많은데, 하물며 그 항하의 모래 수를 어떻게 다 헤아릴 수 있으며, 말할 수 있겠습니까?"

"수보리여! 내가 지금 진실로 그대에게 말하노니, 만일 선남자 선여인이 항하의 모래 수만큼이나 많은 삼천대천세계를 일곱 가지 보물[七寶]로 가득 채워서 보시한다면 그 사람은 대단히 많은 복덕을 받게 되지 않겠는가?"

수보리가 대답하였다. "그렇습니다. 매우 많이 받을 것입니다. 세존이시여!"

부처님께서 수보리에게 말씀하셨다. "만약 선남자 선여인이 이 경전을 수지하여 다른 사람에게 설해 준다거나, 또는 그 가운데 사구게(四句偈)만이라도 받아 지녀서 다른 사람을 위해 설해 준다면, 이 복덕(사구게를 설해 준 복덕)이 앞의 복덕(항하의 모래 수처럼 많은 복덕)보다 더 많고 많을 것이니라."

제12. 존중정교분(尊重正教分)

-바른 가르침을 존중하라-

"또한 수보리여! 이 경전을 많은 사람들에게 설하는 곳이나, 또 이 경전 가운데 사구게만이라도 설한다면 마땅히 알라. 그곳이 어디든 모든 세간의 천신, 인간, 아수라가 모두 다 받들어 공양하게 될 것이니라. 그런데 하물며 이 경 전체를 받들어 지니고 읽고 외우는 사람의 공덕이야 더 말할 필요가 있겠느냐.

수보리여, 마땅히 알아야 한다. 이 사람은 제일로 최상의 법(진리)을 성취할 것이니라. 이 경전(금강경)이 있는 곳은 곧 부처님이 계신 곳이며, 그 제자들은 부처님처럼 존경을 받게 될 것이니라.”

제13. 여법수지분(如法受持分)

–금강반야경을 받들어 지녀라–

그때 수보리가 부처님께 여쭈었다.
"세존이시여! 이 경의 이름은 무엇입니까? 그리고 저희들이 이 경전을 어떻게 받들어 지녀야 합니까?"
부처님께서 수보리에게 말씀하셨다.
"이 경전의 이름은 '금강반야바라밀'이라고 하나니, 그대들은 이 경의 제목을 마땅히 잘 받들어 지니고 체득해야 하느니라. 왜냐하면 수보리여! 부처님이 지혜의 완성이라고 불리는 반야바라밀을 설했지만, 그것은 곧 반야바라밀이 아니고, 다만 이름을 반야바라밀이라고 부를 뿐이니라.

수보리여! 그대는 어떻게 생각하는가? 진정으로 여래가 설한 법(진리)이 있다고 생각하는가?"

수보리가 부처님께 말씀드렸다.

"세존이시여! 제 생각에는 여래께서 설하신 법은 실존하는 법이 아니라고 생각합니다."
"수보리여! 그대는 어떻게 생각하는가? 삼천대천세계(우주)에 있는 먼지, 티끌의 수가 매우 많다고 생각하는가?"
수보리가 대답하였다. "매우 많습니다. 세존이시여!"
"수보리여! 삼천대천세계 우주에 있는 모든 티끌을 여래께서는 티끌이 아니고, 이름이 티끌일 뿐이라고 하셨으며, 그리고 여래께서 말씀하신 이 세계는 곧 세계가 아니고, 이름이 세계일 뿐이라고 하셨느니라.
수보리여! 그대는 어떻게 생각하는가? 여래의 신체에 갖추고 있는 거룩한 서른두 가지 모습(32상)에서 여래의 참모습을 볼 수가 있다고 생각하는가?"
"볼 수는 없습니다. 세존이시여! 서른두 가지 거룩한 모습(32상)에서는 여래의 참모습을 볼 수가 없습니다. 왜냐하면 여래께서 말씀하신 32상은 곧 32상이 아니고, 다만 이름이 32상일 뿐입니다."
"수보리여! 만약 어떤 선남자 선여

인이 항하의 모래 수와 같이 많은 목숨을 바쳐 남에게 보시를 한다면, 또 어떤 사람이 이 경전 전체를 수지독송하거나, 또는 이 경 가운데 사구게만이라도 받아 지녀서 다른 사람에게 설해 준다면, 이(사구게를 설한) 복은 저(목숨 바쳐 보시한) 복보다 월등히 더 많을 것이니라."

제14. 이상적멸분(離相寂滅分)

-집착과 형상을 떠나야 깨달음을 이룬다-

그때 수보리가 이 경전의 말씀을 듣고 깊이 이해하여 감격의 눈물을 흘리면서 부처님께 말씀드렸다.
"참으로 경탄스러운 일입니다. 세존이시여! 부처님께서 이와 같이 심오한 뜻을 가진 경전을 설하셨는데, 저의 지혜의 눈(혜안)으로는 일찍이 들어본 적이 없는 경전입니다.

세존이시여! 만일 어떤 사람이 이
경전을 듣고 믿는 마음이 깨끗해진
다면 그는 곧 진실한 생각을 일으
키게 될 것입니다. 마땅히 알아야
합니다. 이 사람은 가장 뛰어난 공
덕을 성취하게 될 것입니다.
세존이시여! 조금 전에 진실한 모
습이란 곧 진실한 모습이 아닙니다.
그런 까닭에 여래께서는 진실한 모
습이라고 말씀하시는 것입니다.
세존이시여! 제가 지금 이와 같은
경전을 듣고 믿고 이해하고 받아
지니는 것은 어려운 일이 아닙니다.

불교전문 출판사 민족사 사경 시리즈 특징
(민족사 02-732-2403~4)

"이 경전(금강경)을 베껴 쓰고(書寫), 받아 지니고(受持), 읽고 외우고(讀誦), 나아가 다른 이들에게 설명해 준다면 그 공덕은 이루 말할 수가 없느니라." (금강경)

첫 번째, 가장 큰 특징은 글씨가 크고, 한 권 속에 번역(한글)과 원문(한문), 그리고 한자 독음(讀音)까지 달려 있다는 것입니다. 글씨도 붓글씨 서체인 궁서체로 편집되어 있어서 사경을 하기가 매우 좋고, 인쇄 농도 조절을 잘 맞추어서 사경은 물론 독송도 충분히 가능하다는 것입니다.

두 번째, 앞부분에 '사경 공덕과 의미에 대하여', '사경 자세와 마음가짐', 사경 방법, 사경 시 주의 사항, 그리고 사경을 마친 뒤에 하는 '사경 공덕 발원문'이 끝에 첨부되어 있습니다. 그래서 혼자서도 누구나 사경을 할 수 있도록 이끌어 주고 있습니다. 특히 '사경의 목적'과 '사경의 공덕' 등 자세한 안내는 처음 혼자 사경을 하는 불자들에게 확실한 길잡이가 되고 있습니다.

세 번째, 책장이 잘 넘어갈 수 있도록 제본(실 제책)되어 있습니다. 책장이 잘 넘어가지 않으면 사경을 하는 데 매우 불편합니다. 이것이 민족사 사경용 경전의 장점입니다.

네 번째, 표지 디자인이 매우 좋습니다. 표지에는 불교의 이미지를 담고 있고 색상도 밝고 산뜻해서 선물용으로도 손색이 없습니다.

누구나 사경 방법과 의미, 주의 사항 등을 숙지한 다음 정성을 다해 한 자 한 자 쓰고 읽으면 근심, 걱정 등 번뇌가 사라지고 마음의 평안을 얻게 됩니다. 동시에 부처님께서 말씀하신 경전을 사경(寫經), 독송하면 그 공덕으로 인하여 모든 액난을 물리칠 수 있고 어려움을 극복하게 됩니다. 이것이 사경의 가장 큰 공덕입니다.

민족사 사경 시리즈		주 제	가 격
❶	금강반야바라밀경(한글)	지혜 성취 기도 공덕	8,500원
❷	금강반야바라밀경(한문)		8,000원
❸	아미타경(한글·한문)	극락왕생 기도 공덕	7,500원
❹	관세음보살보문품(한글·한문)	고난 소멸 기도 공덕	7,500원
❺	부모은중경(한글·한문)	효행 기도 공덕	8,500원

*기타 경전도 계속 간행 예정입니다.

그러나 미래세 오백 년 후에 어떤 중생이 이 경전을 듣고 믿고 이해하고 받아 지닌다면 그 사람은 가장 보기 드문 뛰어난 사람이 될 것입니다.

왜냐하면 이 사람은 자아가 있다는 생각(我相), 개아(個我)가 있다는 생각(人相), 중생이 있다는 생각(衆生相), 영원하다는 생각(壽者相)이 없기 때문입니다.

왜냐하면 자아가 있다고 생각하는 것은 올바른 생각이 아니며, 개아가 있다고 생각하는 것도, 중생이 있다고 생각하는 것도, 영원함이 있다고 생각하는 것도 모두 바른 생각이 아니기 때문입니다. 그 까닭은 모든 관념이나 생각에서 떠나서 해탈한 이를 부처라고 말하기 때문입니다."

부처님께서 수보리에게 말씀하셨다.

"그렇다, 그렇다. 만일 어떤 사람이 처음으로 이 경전을 듣고 놀라지도 않고 두려워하지도 않는다면, 마땅히 알아라. 이 사람은 매우 보기 드문 사람이니라. 왜냐하면 수보리여! 여래께서 말씀하시기를, 가장 으뜸가는 바라밀(지혜의 완성)은 곧 가장 으뜸가는 바라밀이 아니라고 말씀하셨나니, 그런 까닭에 가장 으뜸가는 바라밀(지혜의 완성)이라고 하는 것이니라.

수보리여! 인욕바라밀을 여래께서는 인욕바라밀이 아니라고 말씀하셨느니라. 왜냐하면 수보리여! 내가 과거세 옛적에 가리왕에게 팔과 다리가 잘려 나갔는데, 그때 나에게는 자아가 있다는 생각, 개아가 있다는 생각, 중생이 따로 있다

는 생각, 영원함이 있다는 생각이
없었기 때문이니라.
왜냐하면 내가 과거 옛적에 팔다
리가 잘려 나갔을 때, 만약 나에게
자아가 있다거나, 개아가 있다거
나, 중생이 있다거나, 영원함이 있
다는 생각을 갖고 있었다면 당연
히 분노하고 원망하는 마음이 일
어났을 것이니라.
수보리여! 나는 과거 오백생 동안
인욕 수행자였는데 그때 나에게는
자아가 있다는 생각, 개아가 있다
는 생각, 중생이 있다는 생각, 영원

함이 있다는 생각이 없었느니라.
그런 까닭에 수보리여! 보살(수행자)은 일체 모든 생각(관념)을 떠나서 가장 높고 바른 깨달음을 이루려는 마음을 내어야 하느니라. 모양이나 모습에 집착하지 말고 그 마음을 내야 하며, 소리나 냄새, 맛이나 촉감, 또는 일체 대상에도 집착하지 말고 마음을 내야 한다. 마땅히 집착함이 없이 마음을 내야 한다.
만일 마음을 어디에 둔다면 그것은 곧 바르게 두는 것이 아니니라.

그러므로 부처님께서 말씀하시기를, '보살은 모양이나 모습에 집착하는 마음 없이 보시해야 한다'고 말씀하셨느니라.

또한 수보리여! 보살은 일체 중생의 이익을 위해 마땅히 이와 같이 보시해야 하느니라. 여래가 설한 모든 생각이나 관념은 곧 모든 생각이나 관념이 아니니라. 또 일체 중생이라고 말했지만, 그것은 곧 일체 중생이 아니니라.

수보리여! 여래는 진실을 말하는 이며, 참다운 말을 하는 이며, 허

황됨을 말하는 이가 아니며, 틀린 말을 하는 이가 아니니라.

수보리여! 여래가 얻은 법(진리)은 진실로 정해진 법이 있는 것이 아니며, 그렇다고 허황되거나 그릇된 것도 아니니라.

수보리여! 만약 보살(수행자)이 대상에 집착하는 마음으로 보시를 한다면, 그것은 마치 어떤 사람이 어둠속에 들어가게 되면 아무것도 볼 수 없는 것과 같으니라.

그러나 만약 보살이 집착하는 마음을 버리고 보시를 한다면, 그 사람은 눈이 있고, 또 밝은 햇빛을 받아서 갖가지 모양을 볼 수 있는 것과 같으니라.

수보리여! 미래세에 선남자 선여인이 이 경전을 수지(受持), 독송한다면 여래는 부처의 지혜(佛智慧)로 이 사람이 행하는 것을 모두 알고 모두 보나니, 그들은 헤아릴 수 없는 무한한 공덕을 성취하게 될 것이니라."

제15. 지경공덕분(持經功德分)

-경을 수지 독송하는 공덕은 무량하다-

"수보리여! 선남자 선여인이 아침에 항하강의 모래알처럼 많은 자신의 몸을 보시하고, 점심때에도 항하강의 모래알처럼 많은 자신의 몸을 보시하며, 또 저녁때에도 항하강의 모래알처럼 많은 자신의 몸을 보시하여, 이와 같이 한량없는 세월 동안 몸을 보시한다고 하자.

그리고 또 어떤 사람이 이 경전의 말씀을 듣고 믿고 받아들인다면 이 복덕은 저 항하사와 같은 몸을 보시한 복덕보다 더 많을 것이니라. 하물며 이 경전을 베껴 쓰고(書寫), 받아 지니고(受持), 읽고 외우고(讀誦), 나아가 다른 이들에게 설명해 준다면 그 공덕은 이루 말할 수가 없느니라.

수보리여, 한마디로 말한다면 이 경전에는 생각할 수도 없고 헤아릴 수도 없는 한량없는 공덕이 있나니, 여래는 이 경전을 대승으로 나아가는 이를 위해 설하며, 최상승으로 나아가는 이를 위해 설하느니라.

만일 어떤 사람이 이 경전을 받아 지니고 읽고 외우고 널리 다른 사람에게 설해 준다면, 여래는 지혜의 눈으로 이 사람이 헤아릴 수도 없고, 말할 수도 없으며, 한량없고 생각할 수도 없는 공덕을 성취할 것임을 모두 다 알고, 모두 다 보느니라.

이와 같은 사람들은 여래의 가장 높고 가장 바른 깨달음을 짊어지게 될 사람들이니라.

왜냐하면 수보리여! 만약 소승법을 좋아하는 자들이 자아가 있다는 생각, 개아가 있다는 생각, 중생이 있다는 생각, 영원함이 있다는 생각에 집착한다면, 이 경전을 듣고 읽고 외운다거나 또는 다른 사람들에게 설명해 주지는 못할 것이니라.

수보리여! 어느 곳이든 이 경전이 있는 곳에는 모든 세상의 천신, 인간, 아수라들에게 공양을 받게 될 것이니라.

또 마땅히 알아라. 이곳에는 탑이 세워지게 될 것이며, 모두 공경하고 예배하고 탑 주변을 돌면서 여러 가지 꽃과 향을 그곳에 올리게 될 것이니라."

제16. 능정업장분(能淨業障分)

-업장을 깨끗하게 한다-

"또 수보리여! 선남자 선여인이 이 경전을 받아 지니고 독송할지라도 그들은 천대받고 멸시를 받게 될 것이니라. 어째서인가?

이 사람은 전생이 지은 죄업이 많아서 당연히 악도에 떨어질 터이지만, 금생에 천대와 멸시를 받았기 때문에 전생의 업장이 모두 소멸되

었고, 마땅히 가장 높고 바른 깨달음을 얻게 될 것이니라.

수보리여! 기억하건대, 내가 연등불을 만나기 전 과거세에 한량없는 아승기겁 동안 팔백 사천 만억 나유타나 되는 수많은 부처님을 친견하여, 모든 부처님을 공양하고 받들어 섬겼으며, 한 번도 거역한다거나 경솔하게 받든 적이 없었느니라.

만일 어떤 사람이 후대 말세에 이 경전을 받들어 지니고 독송한다면 그의 공덕은 매우 많고 많을 것이니라. 내가 과거세에 많은 부처님을 받들고 공양한 공덕은 앞의 공덕(금강경 수지 독송)과 비교하면, 백분의 일에도 미치지 못하고, 천만억 분의 일에도 미치지 못하느니라. 더 나아가서 어떤 셈이나 비유로도 미치지 못하느니라.

수보리여! 만일 선남자 선여인이 후세 말세에 이 경전을 받아 지니고 읽고 외운다면, 그로 인하여 얻게 되는 뛰어난 공덕에 대하여 내가 만일 자세하게 말한다면, 혹 어떤 이들은 나의 이 말을 듣고는 마음에 광란을 일으켜 의심하고 믿지 않을 것이니라.
수보리여! 마땅히 알지니라. 이(금강경) 경전의 뜻이 불가사의하며, 얻어지게 되는 결과도 불가사의함을 알아야 하느니라."

제17. 구경무아분(究竟無我分)

-궁극의 가르침은 무아, 공-

그때 수보리가 부처님께 여쭈었다. "세존이시여! 선남자 선여인으로서 가장 높고 가장 바른 깨달음(최상의 바른 깨달음)을 얻고자 하는 사람은 어떻게 마음을 가져야 하며, 어떻게 그 마음을 다스려야 합니까?" 부처님께서 수보리에게 말씀하셨다.

"만약 선남자 선여인으로서 최상의 바른 깨달음을 얻고자 하는 사람은 마땅히 이렇게 마음을 가져야 하느니라. '나는 마땅히 모든 중생들을 다 괴로움이 없는 열반의 세계로 인도할 것이다'라고.

그러나 설사 모든 중생들을 다 열반의 세계로 인도하였다고 하더라도, 실제로는 단 한 명도 열반의 세계로 인도한 중생은 없다'라고 생각해야 하느니라.

왜냐하면 수보리여! 만약 보살(수행자)이 자아가 있다는 생각, 개아가 있다는 생각, 중생이 있다는 생각, 영원함이 있다는 생각을 갖는다면 그는 곧 대승의 보살이라고는 할 수 없느니라.

어째서인가? 수보리여! 실로 최상의 바른 깨달음을 얻기 위하여 마음을 일으킬 만한 그런 법(진리)이 있는 것이 아니기 때문이니라.

수보리여! 그대의 생각은 어떠한가? 여래가 과거 전생에 연등불 밑에서 수행할 적에 최상의 가장 바른 깨달음이라고 할 수 있는 법(진리)을 얻은 것이 있다고 생각하는가?"

수보리가 대답하였다. "아닙니다. 세존이시여! 제가 부처님께서 하신 말씀을 이해하기로는, 부처님께서 연등불 문하에서 얻으신 가장 뛰어난 깨달음이라고 말할 수 있는 법은 없다고 생각합니다."

부처님께서 말씀하셨다.

"그렇다. 그렇다. 수보리여! 여래는 실제로 최상의 바른 깨달음이라고 할 수 있는 어떤 법도 얻은 것이 없느니라. 수보리여! 만일 여래가 최상의 바른 깨달음을 얻었다고 생각했다면, 연등불께서 나에게 '그대는 내세에 석가모니라는 이름의 부처가 될 것이다'라고 수기(授記, 예언)해 주시지 않으셨을 것이니라. 참으로 최상의 바른 깨달음이라고 할 수 있는 법을 얻었다는 생각이 없었기 때문에, 연등불께서 나에게 '그대는 내세에 반드시 석가모니라는 이름의 부처가 될 것이다'라고 수기해 주셨던 것이니라.

그 까닭은 무엇인가? 여래(如來)란 곧 모든 법이 다 여여(如如)한 진여와 같다는 뜻이니라.

어떤 사람이 여래는 최상의 바른 깨달음을 얻었다고 말하지만, 진실로 수보리여! 여래는 최상의 바른 깨달음이라고 할 수 있는 법을 얻은 것이 없느니라.
수보리여! 여래가 얻은 최상의 깨달음이란 실재하는 것도 아니지만, 그렇다고 거짓된 것도 아니니라. 그러므로 여래는 '일체법이 모두 다 불법이다'라고 설하는 것이니라.
수보리여! 지금 내가 말한 일체법이란 일체법이 아니니라. 그런 까닭에 일체법이라고 말하느니라. 예를 들어 수보리여! 신체가 매우 큰 사람이 있다고 하자. 정말로 그 사람의 신체를 크다고 말할 수 있겠느냐?"

수보리가 말하였다.

"세존이시여! 여래께서 신체가 매우 크다고 말씀하신 것은 실제로는 신체가 큰 것이 아니고, 이름하기를 신체가 큰 사람이라고 부르는 것뿐입니다."

"수보리여! 보살(수행자)도 역시 그러하니라. '보살이 만약 나는 모든 중생을 다 제도할 것이다'라고 말한다면, 그는 진정한 보살이라 할 수 없다. 왜냐하면 수보리여! 보살이라고 이름할 만한 법이 실재로는 있지 않기 때문이니라. 그러므로 여래는 모든 법에는 자아도 없고, 개아(個我)도 없고, 중생도 없고, 영원함도 없다고 설하는 것이니라.

수보리여! 보살이 '나는 반드시 불국토를 장엄할 것이다'라고 말한다면, 그는 진정한 보살이라 할 수 없느니라. 왜냐하면 여래께서는 불국토를 장엄한다는 것은 진정으로 장엄하는 것이 아니라고 말씀하셨기 때문이니라. 다만 그 이름이 장엄일 뿐이니라.

수보리여! 보살이 자아가 없는 무아의 이치를 통달했다면 여래는 이런 이를 진정한 보살이라 부르느니라."

제18. 일체동관분(一體同觀分)

–과거심·현재심·미래심은 불가득–

"수보리여! 그대는 어떻게 생각하는가? 여래는 육안(肉眼)을 갖고 있다고 생각하는가?"

"그렇습니다. 세존이시여! 여래는 육안을 갖고 있습니다."

"수보리여! 그대는 어떻게 생각하는가? 여래는 천안(天眼)을 갖고 있다고 생각하는가?"

"그렇습니다. 세존이시여! 여래는 천안을 갖고 있습니다."

"수보리여! 그대는 어떻게 생각하는가? 여래는 혜안(慧眼)을 갖고 있는가?"

"그렇습니다. 세존이시여! 여래는 혜안을 갖고 있습니다."

"수보리여! 그대는 어떻게 생각하는가? 여래는 법안(法眼)을 갖고 있는가?"

"그렇습니다. 세존이시여! 여래는 법안을 갖고 있습니다."

"수보리여! 그대는 어떻게 생각하

는가? 여래는 불안(佛眼)을 갖고 있는가?"

"그렇습니다. 세존이시여! 여래는 불안(佛眼)을 갖고 있습니다."

"수보리여! 그대는 어떻게 생각하는가? 여래가 항하의 모래에 대해서 말씀한 적이 있는가?"

"그렇습니다. 세존이시여! 여래께서는 항하의 모래에 대해 말씀하셨습니다."

"수보리여! 그대는 어떻게 생각하는가? 한 항하의 모래와 같이 이런 모래만큼의 항하가 있고, 또 모든 항하의 모래 수만큼이나 부처님의 세계(불세계)가 있다면 진정으로 많다고 하겠는가?"

"그렇습니다. 매우 많습니다. 세존이시여!"

부처님께서 수보리에게 말씀하셨다.

"그 땅(세계)에 있는 중생들의 갖가지 마음을 여래는 다 알고 있느니라. 왜냐하면 여래가 설한 갖가지 마음이란 모두 다 마음이 아니고, 다만 마음이라고 부를 뿐이니라. 그 까닭은 무엇인가? 수보리여! 과거의 마음도 잡을 수 없고, 현재의 마음도 잡을 수 없고, 미래의 마음도 잡을 수 없기 때문이니라."

제19. 법계통화분(法界通化分)

-복덕을 지었다는 생각을 갖지 말라-

"수보리여! 그대는 어떻게 생각하는가? 만약 어떤 사람이 삼천대천세계를 일곱 가지 보물(칠보)로 가득 채워서 보시한다면, 이 인연으로 이 사람은 많은 복덕을 받지 않겠는가?"

"그렇습니다. 세존이시여! 그 사람은 칠보를 보시한 인연으로 매우 많은 복덕을 받게 될 것입니다."
"수보리여! 만약 복덕이 실로 있다면, 여래는 많은 복덕을 얻는다고 말씀하지 않았을 것이니라. 복덕이 없기 때문에 여래는 많은 복덕을 얻는다고 말씀한 것이니라."

제20. 이색이상분(離色離相分)

—형색과 모양에서는 참모습을 찾을 수 없다—

"수보리여! 그대는 어떻게 생각하는가? 부처가 신체적으로 거룩한 모습(32상)을 모두 갖추고 있다(具足)고 하여 거기에서 부처의 참모습을 볼 수 있는가?"

"아닙니다. 세존이시여! 신체적으로 거룩한 모습(相好)을 모두 갖추고 있다고 해도 거기에서는 여래의 참모습을 볼 수 없습니다. 왜냐하면 여래께서 말씀하신 신체적인 거룩한 모습(32상)이란 곧 신체적인 거룩한 모습이 아니고, 다만 이름하기를 신체적으로 거룩한 모습(32상)을 구족했다고 부르는 것뿐입니다."

"수보리여! 그대는 어떻게 생각하는가? 신체적인 모든 상호(相好)를 다 갖추고 있다고 하여 거기에서 여래의 진실한 모습을 볼 수가 있다고 생각하는가?"

"아닙니다. 세존이시여! 신체적으

로 모든 상호(相好: 32상)를 다 갖추고 있다(具足)고 해도 여래라고 보아서는 안 됩니다. 왜냐하면 여래께서 상호를 구족했다고 말씀하신 것은 곧 상호를 구족한 것이 아닙니다. 다만 그 이름이 모든 상호를 다 갖추었다고 부를 뿐입니다."

제21. 비설소설분(非說所說分)

—법(진리)을 설했지만 설한 것이 없다—

"수보리여! 그대는 여래가 '나는 법을 설한 것이 있다'라고 말해서는 안 된다. 그런 생각을 해서도 안 된다. 왜냐하면 '여래께서 법을 설한 것이 있다'고 말한다면, 그 사람은 여래를 비방하는 것이니라. 그것은 내가 설한 것을 제대로 이해하지 못했기 때문이니라.

수보리여! 법을 설한다고 하지만, 설할 수 있는 실체적인 법이 있는 것이 아니니라. 다만 그 명칭이 '설법'이라고 부를 뿐이니라."

그때 혜명 수보리가 부처님께 말씀드렸다.

"세존이시여! 후대 미래세에 세존께서 말씀하신 이 법을 듣고, 믿는 마음을 내는 중생들이 조금이라도 있겠습니까?"

부처님께서 말씀하셨다.

"수보리여! 저들은 중생이 아니고, 그렇다고 중생이 아닌 것도 아니니

라. 왜냐하면 수보리여! '중생 중생' 이라고 하지만, 실제 여래께서는 '중생이라고 할 만한 것은 있지 않다. 다만 그 명칭을 중생이라고 부를 뿐'이라고 말씀하셨느니라."

제22. 무법가득분(無法可得分)

-얻을 수 있는 법은 없다-

수보리가 부처님께 여쭈었다.
"세존이시여! 부처님께서는 가장 높고 바른 깨달음을 얻은 것이 없습니까?"
부처님께서 말씀하셨다.
"그렇다. 그렇다. 수보리여! 나는 조금이라도 가장 높고 바른 깨달음을 얻은 것이 없느니라. 다만 이름을 부르기를 가장 높고 바른 깨달음이라고 부를 뿐이니라."

제23. 정심행선분(淨心行善分)

–깨끗한 마음으로 바른 법을 닦아라–

"또한 수보리여! 이 법은 평등하여 어떠한 차별도 없다. 그래서 가장 높고 바른 깨달음이라 말하는 것이니라.

자아도 없고, 개아도 없으며, 중생도 없고, 영원이라고 하는 것도 없다.

일체 선법(善法)을 닦아라. 그러면

가장 높고 바른 깨달음을 얻게 될 것이니라.
수보리여! 내가 지금 말한 선법을 여래는 곧 선법이 아니고, 다만 그 이름이 선법일 뿐이라고 말씀하셨느니라."

제24. 복지무비분(福智無比分)

-복과 지혜는 비교할 수 없다-

"수보리여! 어떤 사람이 삼천대천 세계에 있는 산 가운데, 가장 큰 산인 수미산처럼 많은 칠보 무더기를 가지고 보시한다고 하자.

그리고 또 어떤 사람이 이 금강반야바라밀경을 수지 독송하거나, 금강경 가운데 사구게만이라도 수지 독송하여 다른 사람을 위해 설해 준다면, 그 복덕은 이루 말할 수 없을 것이니라.

앞의 복덕(수미산처럼 많은 칠보를 보시한 복덕)은 뒤의 복덕(사구게를 수지 독송, 설해준 복덕)에 비해 백 분의 일에도 미치지 못하며, 천만 억 분의 일에도 미치지 못한다. 더 나아가 어떤 셈이나 비유로도 미치지 못하느니라."

제25. 화무소화분(化無所化分)

-제도한 중생은 한 명도 없다-

"수보리여! 그대들은 어떻게 생각하는가? 그대들은 이와 같이 생각해서는 안 된다. '여래께서 나는 마땅히 일체 중생을 모두 제도할 것이다'라고 말해서는 안 되느니라. 수보리여! 그렇게 생각하지 말라. 왜냐하면 여래는 중생을 한 명도 제도한 적이 없기 때문이니라. 만일 여래가 제도한 중생이 있다고 한다면 여래도 자아(自我, 我相)·개아(個我, 人相), 중생(衆生相), 영원(壽者相)하다고 집착하고 있는 것이니라.

수보리여! 여래도 자아에 대하여 집착하고 있다고 말한 것은 곧 자아가 있는 것이 아니니라. 그런데 범부들은 도리어 자아가 있다고 집착한다. 수보리여! 여래는 어리석은 범부, 그것은 어리석은 범부가 아니라고 설한다. 그 이름이 범부일 뿐이니라."

제26. 법신비상분(法身非相分)

-법신은 형상이 없다-

"수보리여! 그대는 어떻게 생각하는가? 서른두 가지 상호(相好: 32相)에서 여래의 본 모습을 볼 수 있는가?"

수보리가 대답하였다. "그렇습니다. 그렇습니다. 서른두 가지 상호를 갖추고 있다면 그분은 여래라고 보아야 합니다."

부처님께서 말씀하셨다.

"수보리여! 만일 32상을 갖추었다고 해서 여래라고 본다면 전륜성왕도 32상을 갖추고 있으므로 그도 여래라고 불러야 하지 않겠느냐?"

수보리가 부처님께 말씀드렸다.

"세존이시여! 제가 부처님께서 말씀하신 뜻을 이해하기로는, 겉으로 서른두 가지 모습을 모두 갖추고 있다고 해서 여래라고 보아서는 안 됩니다."

그때 세존께서 게송으로 말씀하셨다.

"형색이나 모습에서
나를 본다거나
음성에서 나를 찾으려고 한다면,
이 사람은 삿된 길을 가는
사람이니라.
결코 여래를 볼 수 없을 것이니라."

제27. 무단무멸분(無斷無滅分)

-단멸하는 것은 없다-

"수보리여! 그대는 이와 같이 생각하면 안 된다. '여래는 거룩한 모습(32상)을 모두 갖추었으므로, 가장 높고 바른 법을 깨달은 것이다'라고 생각하지 말라.

수보리여! '여래가 신체적으로 거룩한 모습을 모두 갖추었다고 해서 가장 높고 바른 깨달음을 얻는

일은 없기 때문이니라(얻는 것과는 무관하기 때문이니라).

수보리여! 그대는 이렇게 생각하면 안 된다. '가장 높은 바른 법을 깨닫고자 마음을 낸 사람은 모든 것이 단멸(斷滅: 없어짐, 허무주의)한다는 말을 듣더라도 그와 같이 생각해서는 안 된다. 왜냐하면 가장 높은 바른 깨달음을 이루고자 발심한 사람은 어떤 존재라도 단멸해 버린다는 허무주의적인 생각을 해서는 안 되느니라."

제28. 불수불탐분(不受不貪分)

-받지도 않고 탐하지도 않는다-

"수보리여! 만약 보살이 항하의 모래 수와 같이 수많은 세계를 일곱 가지 보물(칠보)로 가득 채워서 보시한다고 하자. 그리고 또 어떤 사람이 일체법이 무아임을 알고 무생법인(無生法印)의 이치를 얻었다고 하자. 이 둘 가운데 이 보살이 얻은 공덕(무생법인의 이치를 얻은 공덕)

은 앞의 보살이 얻은 공덕(칠보로 보시한 공덕)보다 더 뛰어나고 많다. 왜냐하면 수보리여! 모든 보살들은 복덕을 누리기를 원하지 않느니라."

수보리가 부처님께 여쭈었다.

"세존이시여! 어찌하여 보살은 복덕을 누리기를 바라지 않습니까?"

"수보리여! 보살은 복덕을 쌓지만, 복덕을 탐착하지는 않는다. 그런 까닭에 복덕을 누리지 않는다고 말하는 것이니라."

제29. 위의적정분(威儀寂靜分)

-여래는 오고 감이 없다-

"수보리여! 어떤 사람이 '여래는 오기도 하고 가기도 하며, 앉기도 하고 눕기도 한다'라고 말한다면, 이 사람은 내가 설한 뜻을 제대로 이해하지 못한 것이니라. 왜냐하면 여래란 온 것도 없고 가는 것도 없기 때문에 '여래'라고 부르는 것이니라."

제30. 일합이상분(一合理相分)

-이 세상에 집착하지 말라-

"수보리여! 만약 선남자 선여인이 삼천대천세계를 부수어 가루로 만든다면, 그대는 어떻게 생각하는가? 이 가루들(微塵衆)은 매우 많다고 해야 하지 않겠는가?"

"매우 많습니다. 세존이시여! 어째서인가 하면, 만약 이 가루들이 실제로 있는 것이라면, 부처님께서는 이것을 가루들(微塵衆)이라고 설하지 않으셨을 것입니다. 왜냐하면 여래께서 가루들(微塵衆)이라고 하신 것은, 곧 가루들이 아니고, 다만 그 이름을 '가루들(微塵衆)'이라고 하셨을 뿐입니다.

세존이시여! 여래께서 삼천대천세계(우주)라고 말씀하셨지만, 그것은 곧 실재하는 세계가 아니고, 이름이 삼천대천세계일 뿐입니다. 왜냐하면, 만약 그런 세계가 실제로 있다면, 그것은 곧 미세한 티끌로 이루어진 이 세계(一合相), 삼천대천

세계에 집착하는 것입니다. 그러나 여래께서 말씀하신 삼천대천세계(일합상)란 곧 세계가 아니고, 다만 그 이름이 세계(일합상)일 뿐입니다."

"수보리여! 그대의 말과 같이 일합상(세계)이란 곧 실재하는 것이 아니고 이름에 불과할 뿐이니라. 그런데도 어리석은 범부들은 이 세계, 이 세상을 탐착하고 있느니라."

제31. 지견불생분(知見不生分)

-모든 존재를 분별하지 말라-

"수보리여! 만약 어떤 사람이 부처님께서 '자아가 있다는 견해, 개아가 있다는 견해, 중생이 있다는 견해, 영원한 것이 있다는 견해를 말씀하셨다'고 한다면, 수보리여! 그대는 어떻게 생각하는가? 이 사람은 여래가 말씀하신 본의(本義)를 제대로 알았다고 할 수 있겠는가?"

"아닙니다. 세존이시여! 그 사람은 여래께서 말씀하신 뜻을 잘못 알고 있는 것(착각)입니다. 왜냐하면 세존께서 말씀하신 아견(我見: 자아)·인견(人見: 개아)·중생견(衆生見), 그리고 수자견(壽者見: 영원성)은 곧 아견·인견·중생견·수자견이 아니고, 단지 이름하기를 아견·인견·중생견·수자견이라고 할 뿐입니다."

"수보리여! 가장 높고 바른 깨달음을 이루기 위하여 발심한 사람은 일체 모든 법(존재)에 대하여 마땅히 이와 같이 알아야 하며, 이와 같이 보아야 하며, 이와 같이 믿고 이해하여야 한다. 즉 '이것은 영원하고 변치 않는 법(존재)이 있다'고 하는 생각[常見]을 가져서는 안 되느니라. (그런 것은 없기 때문이다).

수보리여! 내가 말한 '법상(法相: 삼라만상, 일체 존재의 현상적·차별적인 모습)은 곧 법상이 아니고, 다만 이름하여 법상(法相)이라고 부를 뿐이니라."

제32. 응화비진분(應化非眞分)

–꿈과 같고 환영·물거품과 같다–

"수보리여! 만약 어떤 사람이 헤아릴 수 없는 아승지 세계를 일곱 가지 보물(칠보)로 가득 채워서 여래께 보시한다고 하자.

또 어떤 선남자 선여인이 보살의 마음을 내어 이 경을 수지·독송하거나, 또는 이 경 가운데 사구게만이라도 수지·독송하여 다른 사람을 위해 설해 준다면, 그 복덕은 칠보를 보시한 저 복덕보다 더 뛰어난 공덕을 쌓게 될 것이니라.

그대는 어떻게 이 경(금강경)을 다른 사람들에게 설명해 줄 것인가? 사물의 모양이나 형상 등에 집착하거나 끌려가지 말고, 여여부동(如如不動)한 마음으로 설명해야 하느니라.

왜냐하면 일체 유위법(有爲法: 인연화합으로 형성된 것들)은 모두 다 진실한 것이 아니니라. 꿈과 같은 것, 환영과 같은 것, 물거품이나 그림

자와 같은 것, 이슬이나 번개와 같은 것이니라. 응당 이와 같이 관찰해야 하느니라."

부처님께서 이 금강경을 다 설해 마치시자, 수보리 장로와 모든 비구, 비구니, 우바새, 우바이와 그리고 일체 세간의 천신들과 인간들과 아수라들이 부처님의 이 말씀을 듣고 모두 다 기뻐하고 환희하면서 믿고 받들어 봉행하였다.

사경발원문(寫經發願文)

위대하고 자비하신 부처님!

오늘 제가 지극한 마음으로 사경을 하오니 이 사경 공덕(功德)으로 돌아가신 조상님, 부모님, 일가친지, 이웃 모두 왕생극락하시고, 저와 가족, 인연 있는 모든 분들이 마음의 평안을 얻고, 슬픔과 고통에서 벗어나 기쁨과 행복을 누리기를 기원합니다.

자비하신 부처님!

감로의 법수(法水)와 진리의 등불을 밝혀주신 부처님,

병이 든 이는 쾌유를, 사업하는 이는 사업 성취를, 학생들에겐 마음의 안정과 지혜를, 취업을 원하는 이에게는 좋은 직장을 얻게 해 주시고, 모든 이들의 소원이 이루어질 수 있도록 가피 내려주시옵소서.

오늘 제가 지극 정성으로 베껴 쓴 사경 공덕으로 복과 지혜가 자라나서 이 경전을 만나는 모든 이들이 몸과 마음 밝아지고, 부처님 법(佛法)을 깊이 깨달아 마침내 성불하기를 진심으로 발원합니다. 또한 부처님의 가르침을 이웃에 전하여 이 땅이 불국토가 될 수 있도록 가피 내려주시옵소서. 자비롭고 위대하신 부처님, 저의 지극한 기원을 받아 주시옵소서.

나무 석가모니불

나무 석가모니불

나무 시아본사 석가모니불.

민족사 사경 시리즈 1

금강반야바라밀경(한글)

초판 1쇄 인쇄 | 2023년 8월 10일
초판 1쇄 발행 | 2023년 8월 15일

펴낸이 | 윤재승
펴낸곳 | 민족사

주간 | 사기순
기획홍보 | 윤효진 영업관리 | 김세정

출판등록 | 1980년 5월 9일 제1-149호
주소 | 서울 종로구 삼봉로 81 두산위브파빌리온 1131호
전화 | 02)732-2403, 2404 팩스 | 02)739-7565
홈페이지 | www.minjoksa.org
페이스북 | www.facebook.com/minjoksa
이메일 | minjoksabook@naver.com

ISBN 979-11-6869-033-2 03220

민족사에서 펴낸 사경 시리즈

《금강경》은 지혜를 성취시켜 주는 경전,
두뇌를 명석하게 해 주는 경전이고,
《아미타경》은 돌아가신 부모님이나 조상님 등 가족의
왕생극락을 발원하는 경전이고,
《관음경(관세음보살 보문품)》은 사업 번창, 소원 성취 등
복덕을 증장시키는 경전이고,
《부모은중경》은 부모님의 은혜를 생각하고 갚는 경전입니다.
저마다 현재 가장 간절한 소원에 따라
경전을 선택해서 사경을 하면 더욱 좋습니다.